Martin Walser

SPRACHLAUB

oder: WAHR IST, WAS SCHÖN IST

Alissa Walser

AQUARELLE

ROWOHLT

Der Himmel glüht, allwissend schweigen die Bäume,
wer's jetzt noch eilig hat, ist ein Narr.
Existenz pur schwebt mir vor,
Weltmeister will ich sein
durch nichts
als Einbildungskraft.

Es gibt nichts Befriedigendes, das Un-
genügen regiert die Welt. Ich sehne mich und kann nicht
sagen, wonach. Was mir fehlt, hat keinen Namen.
(Ich suche Hilfe beim Konjunktiv
beziehungsweise bei Jesus.)

Lass ab, verschweige, bleib ungeneigt.
Lach nicht mit, schütz Eis vor,
ergeh dich allein. Bis dich ein Tierblick entzückt:
Überflutet fühlst du dich vom Leben.

Nichts ist nämlich, was es zu sein scheint.
Du musst den Wörtern kündigen.
Wahr ist nur, was schön ist.

Mir sagt die Amsel, was ich wissen will.
Du brauchst keine Vergangenheit, sagt sie,
Zukunft genügt. Wem, wenn nicht der Amsel,
darf ich glauben.

Abends, wenn es hell wird
und auf den Zähnen Vorsicht wächst,
sind wir am Zug
mit Sprachen voll
Lauten des Schweigens.

Jetzt hat der Wind das Wort ...
Die Bäume werden laut, die Häuser brausen.

Geh in den Garten, werde nass
wie ein Lebendiger.
Frier, erkälte dich, leide:
Dann lebst du.

Der *Bodanrück*, ein dickes Dunkel,
drüber ein roter Rost vom Tag,
weiter will ich nicht sehen,
komme, was mag.

Unermüdlich sein
und unersättlich
und undurchschaubar
und unerklärlich
und unzumutbar
und unsterblich.
Mehr nicht.

In der Hitze liegen, verschont —
zum Glück brennen die Augen ein wenig,
und über den Alpen gleißt Schicksal.

Ich bin eine Schlange geworden, fromm
in mich verschlungen.

Dieses Tages Glanz verlangt,
dass ich ihn feiere.
An meinen Tod zu denken,
dazu komme ich nicht mehr.
Bin schon ein Freund der Wurzeln,
fahre der Katze endlos durchs Fell
und lasse mir
ihre kleinen Knochen begegnen.

Schreiben und Leben fielen bei mir
fast von Anfang an zusammen.
Ich tanzte, also war ich.

Ich würde selbst auf dem Sterbebett
eher erröten als erblassen.

In Triest wollte ich in jenes Café, in dem Joyce
die Sätze zum Ulysses gekommen waren.
Und John Lennon sagte, als er in New York
aus dem Flugzeug stieg, die Beatles seien berühmter
als Dschisas Chraist!

Tee trinken mit allen Täuschungen,
in den Mund pflanzen die Bäume des Schweigens,
Abschied nehmen mit den Fäusten.
Mit Seelenschutt den Fluchtweg pflastern.

Mir wird das Jahr gestohlen
von einer Bande, die heißt Zweck.
Notwendigkeit träufelt ihr Gift
in jeden Tag, und wo du
die Zeit auch anstichst,
blutet sie.

Grüß die Krähe, die ins Bild fliegt.
Das Allerschwärzeste ist sie hier.
Greif in die Luft, fang Träume
von glücklichen Menschen.

Ich steh mit dem Rücken
zur Gegenwart,
im Garten verglüht
meine Geschichte.

Frag doch die Waschfrau, was Schmutz ist.
Ich bin der Sommerschnee: Mich gibt es nicht.

Die Ferse eitert,
die Zunge schlägt Schaum,
schwarze Zwerge reiten
auf roten Pferden
durch mich hindurch.

Abends schlendere ich herum mit
fremden Wörtern und schick
den Traum zum Fenster hinaus:
Weiden soll er auf der Sternenwiese.

In meinen Ohren wohnen Schreie
wie Vögel. Vielleicht bin ich
ein Baum. Der Wind
wird es wissen.

Wem zuliebe leide ich?
Wenn ich keine Antwort kriege,
frag ich, bis es Morgen ist
und ich zurückkrieche
ins Geschirr.

Der Wind tost ums Haus —
dass wir tot sind, weiß er nicht.
Die Erde sättigt sich mit meinen Schriften …
Lesen kann sie sie nicht.

Ich bin ein Schiff, ich strande ununterbrochen.
Es ist mein Lieblingskurs,
den mir die Not verschreibt.

Hätte das Blau des Himmels
einen verlässlichen Namen,
dann säng ich hinauf,
so aber spür ich, wenn ich mich
nach oben wende, nichts
als die Schwere meines Kopfes.

Ich las, und am Ende klatschten sie wie sonst auch.
Ich hatte beim Lesen mit der Illusion gelebt,
meine Sätze wären in den Herzen angekommen,
weil es während des Lesens immer wieder Gelächter gab,
das ihnen im Halse stecken blieb.

Schmerz schürft mich,
die Feuerspur ächz ich entlang,
kenn am Ende den und den gern,
um ihn zu meiden.

Mit dem Messer
die Ader ritzen,
im Badezimmer bleiben,
das ewige Taumeln beenden.

Wart ab bis morgen,
es könnte sein, dass du
morgen etwas zu essen bekommst,
wofür es sich lohnt,
am Leben geblieben zu sein.

Dees hosch vu disam, es sell vu deamm,
asa kleana kaasch no nea,
i woass no gnau vu weamm
i's hoa, abr i ka's kuom me gea.

Ich hab einen Schrei gehört im Schlaf,
der Souffleur hieß: der Wind.
Ich brech den Sekunden die Gelenke,
Stunden stampf ich ein,
die Tage gehen unter in meinen Augen
wie Monde im Meer.

Geht mir das Denken aus,
dröhnt mir die Leere im Kopf,
schmier ich mein Blut aufs Papier
und zähle meine Haare.

Silben in großer Schnelligkeit
über den Fluss schicken,
die Hälfte wird ersaufen,
das ist kalkuliert.

Fromm macht mich der Garten, der Tag.
Ich beerdige die Amsel, scheuche den Tod ins Gebüsch.

Es war eine Amselin. Der schwarze Witwer steht neben mir,
wie dankbar. Hier ruhen die Waffen;
was du siehst, wirft einen friedlichen Schatten.

Schieb mir einen Vers in den Mund, Schicksal,
lehre mich beten zu einem Gott,
der mir aus den Rippen springt.

Geweint wird ohne Tränen. Tonlos
geschrien. Auf die Verzweiflung scheint
die Sonne: nur nichts Erfundenes!
Der Eingebung folgen, fast fromm.

Ich drohe nur kraftlos,
feige meide ich mich
mit meinem Hass.
Ich schone mich.

Am liebsten wölben sich mir die Sätze
zu Versen. Und eilen und bremsen
nach dem schönen alten Gesetz,
das zu kennen ich mich nie erzog.

Jetzt hätt ich's gern intus,
um damit Wirkungen zu bilden.
Aber statt einer dreisilbigen Schönen
hämmere ich mir nur aufs eigene Knie.

Wühlt ein Tod in dir herum:
So fühlt es sich an, aber
den Tod gibt es nicht, so wenig
wie das Leben. Nur Wörter,
an die wir uns halten können
in all der Leere.

Heilig: nichts mehr.
Auch das Teil geschändet.
Chemie, eine Sprache für jedes Gebet.
Meide dein Maul.
Geh.

Nur der Sand hat es hinter sich —
so weit wie der Sand musst du kommen.
Es ist schon gut, so schlimm es ist,
es könnte besser gar nicht sein.

Ich möchte bald weg sein. Bitte.
Und nehmt mir's nicht übel. Außer euch
schulde ich keinem was.
Wenn ihr mich ließet, wäre ich frei
zu gehen, wohin das Kopfweh will.

Oh, Ohrenweh, du kleiner Gruß
der Gerechtigkeit. Die Schwere
feiert sich. Jeder von uns ein Hort der Nichtigkeit.

Friedlich fließen die Ströme der Flüche in die Höhe.

Du Regentag Leben,
weite Fahrt. Du sollst lernen
verlorenzugehen. Mach dich
heimisch im Wasser, dorthin
gehörst du. Ein Tropfen sein
an einer Scheibe in rasender Fahrt.
Das ergibt keine gerade Bahn,
aber etwas Kompliziertes
voller Notwendigkeit.

Frieren und wieder verstummen
im täglichen Eis,
blind wie die Blätter fallen
im Vergessenswind.

Ich möchte für immer an dich schreiben,
mich von Reimen treiben lassen zu
kitschigen Stränden, die kein Ende haben
vor dem Himmel.

Bewundernd und bewundert
kommt man in die Welt,
verachtet und verachtend
verlässt man sie, wenn alles
normal verläuft.

Wir sind zerrissen, das ist schon alles.
Wir schwanken, alleinstehende Bäume im Wind.
Und so ächzen wir — für das Schicksal
fehlen uns Augen und Ohren —,
und es stirbt immer der Nachbar.

Mit Leichtigkeit und Dauer möchte man ausgestattet sein
und ist ein Schauplatz von Schwere und Hast.
Kein Gelingen kränzt mein Haus. Scheinheilig
frag ich: Darf ich so sein?
Vor jeder Antwort verschließ ich die Ohren.
Umsonst.

Die Sterne sind Analphabeten, ich habe
umsonst gelebt. Rette das Bild
der drei Lilien, rostig, ineinander geneigt. Für Vögel ist auf den
zarten Zweigen noch etwas zu holen.
Lilien im Dezember:
Stell den Tod dir vor, als Vogel,
der Liliensamen pickt.

Aus dem Sommer die Laute
des Wassers, die Stimmen vom See —
ich will sie sparen, dass ich in der Winterstille
etwas zu hören habe.

Alles flieht,
grundlos nicht, aber wie schwer
zu verstehen, wenn man sagen muss:
Vorsätze sind verderblich.

Wir stehen herum wie Zerstörte, aber
wir werden es überleben, gesund.
Wir sinken nieder, lösen uns auf
in einer Lache Angst.

Ich möchte dir sagen können,
wie hier der Regen fällt,
dicht und leis: wie Seide
füllt er die Welt.

Ich hätte gern gesungen
zum leeren Himmel hin,
hätt gern das Fähnchen geschwungen,
auf dem ich abgebildet bin.

Zuerst verliert man die Freunde
durch Misserfolg. Dann verliert man
die letzten Freunde durch Erfolg,
sie hatten darauf vertraut,
dass man keinen Erfolg haben werde.
Nun sind sie endgültig enttäuscht.

Von noblen Brücken stürzt sich
die Sprache in den Fluss,
der einen großen Namen hat,
auch scheint der Mond zum Schluss.

Neid muss man schüren, Neid
ist die Tugend, die uns vorwärtsbringt.
Entweder alles allen
oder jedem nichts.

Wenn man könnte, was man müsste,
wäre man vorübergehend glücklich.
Ich kann nur die Bedingungen des
Glücks nennen, das Glück selbst nicht.
Ich kenne es, wie man die Grammatik
einer fremden Sprache kennt,
die man nicht spricht.

Ich wäre zorngesinnt, wenn ich
einen von den Herren träfe,
deren Vorfahren die meinen
beherrschten. Ich könnte
nicht vernünftig sein, weil die,
allem Anschein nach,
auch nicht vernünftig geworden sind.

Am Himmel fährt das Licht spazieren,
zum Glück ist gar nichts wahr,
der Schnee will uns nur schnell verführen
in ein neues Jahr.

Schüchterne Fledermaus hängt im Gebälk,
will nicht zur Party ...
Renommierter Fuchs geht wie ein Anwalt auf und ab ...
Unsere Katze kann sich nicht entscheiden.

Ich lasse mich wiegen vom Rauschen der Bäume:
Dahinein sticken die Vögel ihr tönendes Geschmeide.
Der Ostwind hält den Sommer jung.
Wir atmen reich, als flögen wir.

Du dunkler, grüner, kühler Tag,
ich hab kein Wort, um dich zu fassen.
Das werde ich bereuen, wenn du
nichts mehr bist als ein schildloses Grab.

Sonne und Wolken und Regenbeschuss,
innerstes Zerwürfnis, reine Schwere,
hohl, schwach und dröhnend vor Nichts!
Meine Zähne quälen meine Lippen.

Könnte ich einen Fluss hinuntertreiben,
fort von den Schmerzen dieses Orts …
Vergangenes würde ich meiden,
Unglück ist die Wurzel des Worts.

Als ich meinen Kopf sinken ließ,
setzte sich eine Wespe auf mich und
stach mich ins Genick.

Ich möchte lernen, von mir nichts
mehr zu erwarten. Weil ich von mir
nichts mehr zu erwarten habe —
ich weiß das. Aber glaube es nicht.

Der Sonntagnachmittag sagt ein Gedicht
bei Regen, bei Regen.
Ich bin durchtränkt vom grauen Licht
und kann mich nicht bewegen.

Ich lasse mich gehen, aber
ich gehe nicht, es ist aus!
Wenn bloß keiner lacht.

Der Regen ist ein Landstreicher,
hat Silben gestohlen.
Kinder überführen ihn.
Ihnen gesteht er den Diebstahl,
prahlt noch und macht sich weinend davon.

Was wäre ich ohne fallende Linie,
wo reichte ich noch hin?
Ich bin eine herrenlose Zinnie,
und also bleibt unbekannt, wer ich bin.

Bin zwischen Wespen geflogen,
selig im Verein, hab mich
in deinen Mund gebogen,
du hast geflüstert: Tritt ein.

Wär ich zu viel in diesem Zug,
dann wüsst ich mich hinaus,
spränge ab und läge
kaputt und gewiss
von allen Zweifeln erlöst.

Ungehalten und schwer,
Geräusche noch vom Erkalten,
mein Knie ist Fremde genug,
ruhig gießt die Schwärze sich aus.

Heute schrieben mir zwei Herren,
sie seien meine Feinde. Ich zögerte
mit der Antwort, denn mir fiel
plötzlich ein, sie könnten meine Anrede
Liebe Feinde
falsch verstehen.

Ras doch nicht so, Jahr,
tu langsam!
Langeweile, komm, schütz uns
vor den Zähnen der Zeit.

Ich bin vernichtet von der Nacht,
Licht erreicht mich nicht.
Schmerz gürtet mich,
gegen Heil bin ich dicht.

Und nichts drin,
und fremde Sprach
und kein Mut
und wie danach,
obwohl nichts war.
Das ist ein Mar.
Und nichts tut gut
und gibt kein' Sinn.

Wenn es vorbei ist,
gestehe nicht,
leugne.
Leugne nicht nur, behaupte
das Gegenteil,
lüge!

Die Sonne gleißt, blau dringt der Himmel
durch laublose Bäume, und der See,
das goldene Schild, wirft ihm alles Licht zurück.
Wir schließen zum Schauen die Augen
und gleiten dem Jahr aus der Hand.

Warum schenkst du mir
deine Marianne nicht? Ich wäre
glücklicher mit ihr als du.
Das weiß ich, und du weißt es auch —
ich begreife dich nicht. Warum
schenkst du mir deine Marianne nicht!

Zierlich, zierlich, zierlich,
unaussprechlich zierlich,
über alle Maßen zierlich
ist dein Gliedernest.

Ich bin von allen Tönen voll
und will keine neuen finden.
Es ist Nachmittag, die Sonne
scheint in ein Gesumm.

Trockene Ruten des Winterstrauchs
knarren. Wo sie sind, beben Blätter
im Wind. Der See rauscht, der Analphabet —
ich glaube nicht, was ich buchstabiere.

Im Garten wartet mein Freund Salbei,
wartet meine Freundin Melisse auf mich;
wenn mir nach Menschheit ist, habe ich Gras.
Und das Gespräch gewähren mir Katze und Hund.

Er kannte das Geräusch, das Herbststürme im November mit den Eichen produzieren, die ihre harten, rostig aussehenden Blätter nicht hergeben. Von Armut soll nicht gesprochen werden ... Todesstrafe für Versuche, nicht arm sein zu wollen ... Bauten gegen den Wind errichtet man am besten als Bauten für den Wind.

Die Wände wollen sprechen zu mir,
melden, was der Regen sagt —
Bienengesumm eines anderen Jahrhunderts.

Fahnenflucht sei mein Panier.

Warum soll, was ich schreibe, beliebter sein als ich!
Es muss unbeliebter sein, weil es weniger täuscht als ich.

Uns wird viel passieren, und verlorengehen wird nichts.

An der Haustür, natürlich beim
schlimmsten Wetter, hält ein Elender
mir mit blauen Fingern einen Zettel
hin, auf dem steht mit Schreibmaschine
geschrieben: Ich kann nicht sprechen,
kann nicht lesen, kann nicht schreiben,
aber die Firma XY nimmt mich auf, wenn
ich hundertzwanzig Abonnenten werbe.
Hoffentlich gehören Sie zu diesen
hundertzwanzig Leuten, die mir helfen.
Da ich die »Hefte«, die für mich in Frage
kommen, schon habe, muss ich ihn
fortschicken. Es ist quälend, nicht so
reagieren zu können, wie es ein anderer
erwartet. Schnell kocht Wut hoch gegen
die Herren, die mir den Elendserpresser
an die Tür geschickt haben.

Mit den abgewetzten Wörtern unseres
öffentlichen Wortschatzes mobilisiert
da einer unter dem Vorwand, Mobili-
sierung verhindern zu wollen. Und die
Medien ziehen mehr mit als je zuvor.
Da merkt man erst, was es heißt, in
einer Medienwelt zu leben. Die Wörter
sind nichts mehr wert. Ich pfeife auf
«Frieden», «Christ», «Bergpredigt»,
«Verteidigungswürdigkeit der freiheit-
lichen demokratischen Grundordnung»,
wenn der, der mir das an den Kopf
wirft, vor Machtwillen, Aggressivität
und Rechthaberei nur so strahlt. Wahr-
scheinlich ist nichts schwerer, als Macht
zu haben und doch glaubwürdig zu
bleiben. Nichts scheint einander so
auszuschließen wie Politik und Glaub-
würdigkeit. Und nichts schamloser als
der Gebrauch von Religionswörtern zur
Legitimierung politischer Haltung.
Diese Religionswörter haben selber
längst keine Legitimität mehr. «Bergpredigt», «Christ»!

Wie ein Sonntag gibt sich
der Samstag im Herbst:
Das Leben schleppt sich feierlich
von Wort zu Wort.
Feindschaft ist Verstopfung,
Freundschaft Diarrhö.

Aus der Kammer der Not werden wir
nicht entlassen, können aber auch nicht sagen,
es gehe uns schlecht. Zum Glück leiden wir
nur an unerfüllbaren Ansprüchen.

Der Wind braust durch die Bäume
mit viel mehr Tönen,
als man dem Wind zutraut.
Gräser und Büsche biegen sich dazu.

Nirgendshin als zum Ende
drängt jeder Gedanke und
stößt sich wund
an der unsichtbaren
undurchdringlichen
Wand.

Grünes Schwanken vor dem Fenster,
brich die Bewegung, die dich trägt.
Meide Reden und Schwung.
Streichle Nägel bis zur Befreundung.
Lege deinen Kopf in deine Hände,
deine Hände in deinen Schoß.

Jeder Bach trägt deinen Namen ins Meer.

Es ist immer ein anderes, das uns
zerschlägt, und wir können's nicht sagen.
Was wir nennen, ist es am wenigsten …
Ich darf nicht wissen wollen, wie
mir zumute ist. Unbedacht
leben, erfüllt sein von
jedem Augenblick, basta.
Nicht rückwärts und nicht vorwärts denken.
Tanzen wie die Eintagsfliege, eine
Stelle im Schwarm.

Wir sind eine große Soße
und ein bunter Brei,
in dem Rot dominiert.
Oh lass mich gehen, Leben,
als wäre ich nie gewesen!

Manchmal pflegt Unglück sich
mit feinen Worten, es will
sich selber unverständlich bleiben
im Interesse derer, die schuld daran sind.

Wenn man jemandem, der älter ist
als man selbst, ein Kompliment macht,
sagt man, selbst wenn man es gar nicht will,
die Wahrheit.

Liebe Sonne, trockne mich,
bis ich ungenießbar bin.
An meinen Schweißbächen
saufen sich die Fliegen voll.

Ich ersticke an den Schönheiten der Welt.
Wenn mich die steigende Wiese nichts anginge,
wenn es mir egal wäre, wer an mir vorüberfährt,
wenn ich nicht alles an mich reißen wollte, was es gibt,
wär alles gut.

Ich wende.
Mich wendet das Blatt.
Ich bin durchsichtig wie ein leeres Marmeladenglas.
Die Baumkronen schimpfen schon wieder,
es ist gleich Herbst.
Du rätst deinem Feind, dich nicht zu schonen.
Da zögert er.
Sausend stürzen hohle Englein nieder und zerbrechen.

Was werde ich von diesem Sommer
dem nächsten sagen?
Dass er nicht zu fassen war,
dass er wie ein Streichholz war,
das dir abbrennt zwischen den Fingern.
Du siehst dem Augenblick entgegen,
in dem du es wegwerfen musst.

Und legst dich ins Grab und bittest darum,
ermordet zu werden.

Nächstes Jahr werde ich fragen:
Was hast du letztes Jahr getan?
Dann werde ich sagen:
Ich habe an diese Frage gedacht.

Ich möchte gern in Memphis
am Mississippi stehen.
Nirgends gibt es steilere Brücken,
rötlichere Häuser.
Ich möchte gern am Grab meiner Mutter
Elvis Presley treffen,
singen soll er
auf dem Friedhof in Wasserburg.

Es bricht, es bricht
und ist nicht Eis,
es brennt, es brennt
und ist nicht heiß.

Ich lebe unter Wolken
ohne Messer,
gehe an Gleisen entlang
im Regen.

Mein Herz, dass du erträgst,
was ich dir auflade,
oh, mein Herz! Wie bist du
mit mir allein.

Und nun scheinst du wieder, Sonne,
umsonst. Die Kälte hält sich an mir.
Inmitten blühender Wiese
steht ein Grabstein, denkt:

Ist das der alte Sonntagmorgen?
Eine Stille wie gewölbt. Jede Stimme
für sich. Im Radio
such ich dazu das Hochamt.

Zuerst zieht man sich Krankheiten zu,
dann zieht man Ärzte hinzu,
dann schickt man die Ärzte wieder weg,
um mit den Krankheiten
allein zu sein.

Ich bin — nein,
noch nicht — eher nie
als schon bald.

Der Zirkus blüht,
die Künstler lachen.
Ich bewerbe mich,
aber die Stallburschen sagen,
sie hätten Befehl,
mich zu erkennen als einen,
der kein Stallbursche ist.

Morgens sind die Tore meiner Ohren verschlossen,
mittags trägt mein Nacken den Kopf nicht mehr,
gegen Abend werden meine Kreuzschmerzen unerträglich,
nachts, wenn ich schlafe, könnte ich
schmerzfrei arbeiten.

Die Treppe rast mit mir,
hinter jeder Wand dröhnt eine Orgel,
aus meinen Ohren steigt blutig die Nachtigall und stirbt,
der Staatsanwalt küsst mir die Hand,
der liebe Gott fragt mich, wie spät es sei.

Ich bin ein großer Baum der Welt,
die Zukunft nistet schon in meinen Zweigen,
die Blätter fallen — schwarz.
Ein eindeutiger Auftrag.

Ich schwimme im Regen
unter den hellen
Bäuchen der Schwalben,
die stumm
ihre Bahnen übers Wasser schwingen.

Man lobt mich,
weil ich jedem zuhören kann.
Ich erfahre dadurch mehr,
als man mir sagen will.
Man lobt mich, weil ich nicht alles
verwende, was ich weiß.
Man lobt mich, weil ich gütig sei
trotz meiner Gefährlichkeit.
Meine Güte bringt mir
mehr ein
als meine Bosheit.

Durch mich soll nichts in der Welt sein,
was nicht ohne mich auch vorhanden wäre.
Verstehen Sie, ich bin kein *Plus*.
Kaum lüge ich, wird mir geglaubt.

Es regnet zu meinen Gunsten,
die Ordnung regiert für mich,
wo ich den Fuß hinsetz, hat ein Ärmling den Dreck
schon weggeschafft, und wer mich anschaut,
hilft mir, den Tod zu vergessen,
den ich hier ausschreien sollte.

Ich bin überhaupt kein Deutscher
und gehöre dazu, ausgespuckt
von den Tälern in ein Reich.
Selber wankend, hat die Geschichte
uns mitgerissen.

Ich fühle, dass ich loben sollte,
und wären's Marmeladengläser,
in meinem Lob verschwindet die Welt,
mein Lob ist größer als alles, was ich lobe,
ich lobe
mich selbst.

Ich will nicht weiter
und nicht zurück,
will bleiben,
wo ich nicht bin.

Über den Rändern abgewrackter Träume
sehe ich den farblosen Streifen
Datum, Gewohnheit, Hoffnung.

Fliederdolden wiegen sich im Wind,
voll Licht schwanken die langen Zweige
der Tamariske. Es biegt sich das Grün.
Es dehnen die Bäume ihr Kleid, und
über die Gräser wandert der Wind,
treibt ihren Schatten die Zeit.

Ich schaue beschämt in den glänzenden Tag.
Himmel und Seeseide
gehen ineinander über. Ich bin
ein Landschafter geworden.

An den dunklen Scheiben flieht Wasser,
schwer staut sich's: Hieroglyphen,
darauf ist kein Verlass, wenn du dich brauchst.
Sie machen aus dir etwas nach ihrem Bedarf.

Abschied muss unwiderruflich sein,
für Täuschungen taub,
ein Partner für Stein,
treu nur dem Staub.

Dass man auskommt ohne einander,
hätt ich nicht gedacht,
ich weiß, was der Salamander
nachts macht.

Mir vergeht vor Weiterem die Welt.
Die Illusion zu leben füllt mich aus
bis zur Unbegreiflichkeit.

Mein Kopf ist schwer,
ein Schmerz …
Ich liege quer
auf dem Bett der Welt.

Nicht die Blätter herunterreißen
und untersuchen.
Sitzen bleiben, die Bäume anschauen,
nach den leisen Sprachen fragen,
die sich in den Ohren mischen,
unverständlich und voller Bedeutung.
Freundlich sein. Schweigen.
Schatten zusammennähen.

Irgendwie musst du dein Leben ja verbringen,
du weißt, dass du nicht viel verderben
und nicht viel nützen kannst,
gehst davon aus, dass du eine Aufgabe hast.

Dieser Irrtum widerlegt sich selbst.

Ich möchte stiller stehen,
als je jemand stand.
Ich möchte in die Tiefe sehen,
in die noch niemand sah.
Ich möchte sagen: ich sei da.

Von innen drückt es mir die Augen zu,
mich weckt keine kapitolinische Gans.
Schlafend treib ich den Rubikon hinab.
Den Sauerstoff, den ich noch brauche,
könnten mir die Algen liefern,
auf denen ich ausruhen will.

Schwer schwebst du über jedem Abgrund,
singend. Niedlich der Himmel von
Gezirp und Engelflügelgeräusch.
Gott und der Teufel sind ein liebes Paar.

Angesichts dessen, was man tun möchte,
ist das, was man tun kann, sehr wenig.
Ich kann nicht sagen, dass ich gern sterben würde,
aber ich kann sagen: Ich wäre gern tot.

Gehen müssen unverrichteter Dinge.
Angerichtet als Fragment,
nicht anders als andere, und doch
anders.

Für später, für später ...
das es nicht gibt. Aber so geübt
bin ich im Verschieben, dass
ich das beibehalten muss
bis zum Schluss.
Für später.

Gegen Abend ein Beil nehmen
und Schatten hacken.

Rolf Hochhuth sei gestorben, wird gemeldet,
das tut weh und hört nicht auf, weh zu tun.
Er hätte nicht vor mir sterben dürfen.
Er war doch jünger.

Ich habe jeden Tag versäumt, mit ihm zu sprechen.
Wie ich ihn liebte, ist grell klargeworden
durch die Nachricht, dass er jetzt tot ist.

Wir schlagen einander,
als wären wir dazu beauftragt,
die Frühlingssonne scheint an uns vorbei …
Wenn die Erde zerfiele, sähen wir zu
ohne Bedauern.
Wir können nichts Gutes mehr tun.

In den Himmel wehen die Fahnen der Bäume,
mir bleibt ein schweres Geräusch.
Weh lebt eben dahin, Leid flackert,
Flammen: für alles ein Bild, nur Verlust
zählst du ohne Laut,
vom Vergessen lebt Andenken.

Tiefblau die ersten Hyazinthen,
dümmlichblau die Primeln,
skrupellos gelb die erste Osterglocke —
die Zeit des Krokus ist vorbei.

Jede Lilie tut, als gäbe es nur sie.
Jede Lilie ist so schön wie keine andere.
Jede Lilie weiß aber, was es heißt,
beherrscht zu werden von der Sehnsucht,
so glücklich zu sein, wie es anscheinend
nur die Gänseblümchen sind.

Wenn Götter, dann solche des Wetters,
die kein Wesen haben, das bleibt.
An den laublosen Eichen blättert
der Efeu den Glanz der jäh erscheinenden
und jäh verschwindenden Sonne.

Stich mich nicht in die Hüfte, Freund,
zapf mich nicht an, ich wehre mich
nicht, ich bin bedacht und will
bis zum letzten Abend *leben*.

2. Auflage Juli 2021

Originalausgabe
Veröffentlicht im Rowohlt Verlag, Hamburg, April 2021
Copyright © 2021 by Rowohlt Verlag GmbH, Hamburg
Layout und Satz Fagott, Ffm
Gesetzt aus der Lucida Roman
Druck und Bindung CPI books GmbH, Leck
ISBN 978-3-498-00239-8